Thales Conrado de Sousa

Itinerario turistico dei Territori Neri

Thales Conrado de Sousa

Itinerario turistico dei Territori Neri

Itinerario turistico in Jaguarão/RS

ScienciaScripts

Imprint

Any brand names and product names mentioned in this book are subject to trademark, brand or patent protection and are trademarks or registered trademarks of their respective holders. The use of brand names, product names, common names, trade names, product descriptions etc. even without a particular marking in this work is in no way to be construed to mean that such names may be regarded as unrestricted in respect of trademark and brand protection legislation and could thus be used by anyone.

Cover image: www.ingimage.com

This book is a translation from the original published under ISBN 978-613-9-73336-1.

Publisher:
Sciencia Scripts
is a trademark of
Dodo Books Indian Ocean Ltd. and OmniScriptum S.R.L publishing group

120 High Road, East Finchley, London, N2 9ED, United Kingdom
Str. Armeneasca 28/1, office 1, Chisinau MD-2012, Republic of Moldova, Europe
Printed at: see last page
ISBN: 978-620-6-23968-0

Dedico questo lavoro a Dio, ai miei genitori e agli amici che hanno continuato a lottare con me. Un abbraccio!

RICONOSCIMENTO

Ringrazio Dio che mi ha sempre illuminato ed è sempre stato al mio fianco in questo viaggio.
Ai miei genitori che mi hanno sempre sostenuto nella realizzazione di un sogno.

Agli amici che mi hanno mostrato in ogni momento l'importanza di sorridere e di essere felici.
A NUDE e al mio supervisore Adriana Pisone.
A tutti coloro che hanno creduto in me e mi hanno incoraggiato. Un grazie di cuore.

Nel momento in cui lo schiavo decide di non voler essere uno schiavo, le sue catene cadono a terra, si libera e mostra agli altri come farlo. Libertà e schiavitù sono stati d'animo (Mahatma Gandhi).

SOMMARIO

Il presente lavoro si propone di creare un itinerario turistico basato sul tema dei territori neri e di proporre un tour della città di Jaguarão, in modo che turisti e residenti possano conoscere la traiettoria storica di questa comunità nera, ampliando le possibilità di itinerari turistici organizzati nella città di Jaguarão. Questo lavoro è giustificato dall'importanza di valorizzare la presenza dei lavoratori schiavizzati, che hanno forgiato lotte, strategie di resistenza e tracciato le loro storie, cercando di evidenziare l'importanza della popolazione nera di Jaguarão attraverso un itinerario turistico della città che metta in luce i suoi principali punti di riferimento all'interno del contesto storico e sociale del comune, riconoscendo il suo patrimonio e creando e qualificando le attrazioni turistiche. Nella metodologia, gli studi di Markoni e Lakatos (2007, 2009) sono stati utilizzati come supporto alla raccolta dei dati sotto forma di ricerca bibliografica. È stata condotta un'intervista semi-strutturata con il professor Caiuá dell'Università Federale della Pampa (UNIPAMPA) sui territori neri del Jaguarão, sulla base di Bogdan e Biklen (1994) e sono stati utilizzati i fondamenti di Trivinos (2010) per analizzare l'intervista. Il quadro teorico comprende la rassegna bibliografica effettuata durante la preparazione di questo lavoro, che ha evidenziato l'esistenza di libri, articoli, CBT, tesi di laurea e fotografie sull'argomento. Nell'itinerario turistico proposto per il tour dei territori neri sono state elencate alcune attrazioni che sono: la piazza dell'approdo, il mercato pubblico, la prigione, il Museo Dr. Carlos Barbosa, l'ex residenza di Zeferinio Lopes de Moura, il Cerro da Pólvora e il Club 24 de Agosto.

Parole chiave:
Tour della città, patrimonio storico e culturale, Jaguarão e territori neri.

SOMMARIO

CAPITOLO 1

1 INTRODUZIONE

Situato nell'estremo sud del Rio Grande do Sul e confinante con l'Uruguay, il comune di Jaguarão è riconosciuto per la ricchezza del suo patrimonio edilizio, mantenuto dai suoi palazzi che, dal XIX secolo, si sono conservati. La città, considerata Patrimonio Storico del Rio Grande do Sul, conserva una ricca architettura eclettica, con palazzi che un tempo denotavano la ricchezza di baroni, charqueadores e altri che vi si stabilirono, trasformando la città in una zona influente della Provincia di São Pedro do Rio Grande do Sul nel XIX secolo.

Quando si parla della storia di questo comune, molti scrittori dimenticano che la città di Jaguarão ha attraversato il XIX secolo con un'intensa popolazione nera schiavizzata, che proveniva da diverse regioni dell'Impero e che finì per stabilirsi su questo suolo. È interessante ricordare che gli stessi schiavi che producevano il charque lavoravano anche nella costruzione della città, oltre a partecipare in modo decisivo a conflitti armati come la Rivoluzione di Farroupilha.

Nonostante la loro importanza nella formazione del Rio Grande do Sul, dopo l'abolizione della schiavitù, l'immenso numero di ex schiavi e i loro discendenti sono diventati una popolazione emarginata e non riconosciuta nello Stato, a cui non viene dato il giusto credito per il loro lavoro, senza il quale non sarebbe stato certamente possibile per lo Stato raggiungere il suo attuale sviluppo economico e culturale. Questa stessa popolazione nera schiavizzata che ha contribuito alla costruzione del patrimonio di Jaguar, è la stessa che viene trascurata dalla storia ufficiale della città.

1.1 Obiettivo generale

L'obiettivo generale di questo lavoro è quello di creare un itinerario turistico basato sul tema dei territori neri e di proporre un tour della città di Jaguarão, in modo che turisti e residenti possano essere consapevoli della traiettoria storica di questa comunità nera, ampliando le possibilità di itinerari turistici organizzati nella città di Jaguarão, magari da commercializzare da parte di un'agenzia di viaggi turistica

5

ricettiva. E anche andare oltre i territori neri scoprendo che in altri luoghi del mondo ci sono luoghi di resistenza nera. Mi spingerei oltre elencando una comunità nera solidale con i territori neri per venire a elencare altri territori neri con la consapevolezza che questi luoghi hanno avuto una loro radice di questo laboratorio che è nato nel Rio Grande do Sul ma che può essere allargato ad altri Paesi e ad altri continenti se è giusto dirlo.

1.2 Obiettivi specifici

- Rivisitare i concetti di itinerari turistici, tour della città, le loro modalità e i modi di elaborazione degli itinerari;
- Identificare i punti del percorso, già definiti nella ricerca precedente come territori neri, e sviluppare le attività che possono essere svolte in ciascuno di essi, strutturando il percorso stesso;
- Sviluppare una proposta di marketing, promozione e diffusione dell'Itinerario Turistico Territori Neri del Jaguarão;
- Indicare le possibilità di includere la comunità nera come attore nella sceneggiatura, in modo da avere un minimo ritorno economico e consentire la continuità di questa sceneggiatura.

1.3 Giustificazione

Considerando la prospettiva del turismo inclusivo, l'universo di individui, gruppi sociali, istituzioni e pratiche sociali che costituiscono le destinazioni turistiche, e impegnandosi nella storia della regione, questo progetto applicato presenta una proposta di itinerari turistici che contemplano il tema dei territori neri nel comune di Jaguarão. Si giustifica con l'importanza di valorizzare la presenza di questi lavoratori schiavizzati, che hanno forgiato lotte, strategie di resistenza e tracciato le loro storie, cercando di evidenziare l'importanza della popolazione nera del Jaguarão attraverso una sceneggiatura che ne metta in luce le tappe principali nel contesto storico e sociale del comune, riconoscendone il patrimonio e creando e qualificando le attrazioni turistiche con attenzione anche alla riduzione/minimizzazione delle nostre disuguaglianze socio-territoriali.

Credo sia importante scrivere di questo argomento per dialogare con la comunità sul potenziale turistico di Jaguarão, che è il turismo culturale.

All'inizio ero preoccupato di dissertare sull'argomento, ma poi mi sono reso conto che i territori neri sono cresciuti nello stesso modo in cui le persone hanno letto e si sono interessate all'argomento, quindi ho pensato che fosse meglio mantenere il workshop nel modo in cui è sempre stato: portare il dibattito sull'esclusione e l'invisibilità delle persone di colore e così ho fatto.

CAPITOLO 2

2 METODOLOGIA

Il presente lavoro ha un approccio qualitativo. La ricerca qualitativa considera le persone nella loro interezza e non come semplici oggetti di indagine. Secondo Bogdan e Biklen (1994, p. 16), la ricerca qualitativa "si concentra essenzialmente sulla comprensione del comportamento dalla prospettiva dei soggetti della ricerca".

La ricerca bibliografica è stata condotta sul tema del lavoro in articoli e libri. Secondo Marconi e Lakatos (2009, p. 44) lo scopo della ricerca bibliografica è quello di "mettere il ricercatore in contatto diretto con tutto ciò che è stato scritto su un determinato argomento". Non si tratta di una ripetizione di ciò che è già stato scritto sull'argomento, ma secondo Marconi e Lakatos (2007, p. 71) "fornisce l'esame di un tema sotto un nuovo focus o approccio, raggiungendo conclusioni innovative".

È stata condotta un'intervista semi-strutturata con il Prof Dr Caiuá Cardoso AL-ALAM[1] , sui territori neri del Jaguarão/RS. Secondo Bogdan e Biklen (1994), nelle interviste semi-strutturate "l'intervistatore incoraggia il soggetto a parlare di un'area di interesse e poi la esplora ulteriormente, ritornando su argomenti e temi che l'intervistato ha iniziato" (BOGDAN e BIKLEN, 1994, p. 135). L'intervista è stata condotta previa autorizzazione dell'insegnante e poi trascritta. Secondo Bogdan e Biklen (1994, p. 172) "le trascrizioni sono i dati primari in molti studi sulle interviste".

Per l'analisi dei dati delle interviste è stata utilizzata la procedura dell'analisi del contenuto. Secondo Trivinõs (2010), l'importanza dell'uso dell'analisi del contenuto nella ricerca qualitativa risiede nel fatto che questa analisi è caratterizzata da alcune peculiarità essenziali, "una delle quali è che si tratta di un mezzo per studiare le comunicazioni tra uomini, ponendo l'accento sul "contenuto dei messaggi".

È stato prodotto un opuscolo promozionale per l'evento che affronta gli obiettivi del percorso illustrato come materiale pubblicitario.

È stato possibile estrapolare i limiti di questa metodologia aggiungendo anche altre persone interessate a questo lavoro, così come l'originalità del laboratorio paventata nella sua natura pedagogica, dove il Laboratorio dei Territori Neri emerge e riemerge come un progetto che può essere modificato in qualsiasi momento dall'autore, le persone che hanno contribuito a questo lavoro hanno contribuito a esporre una situazione della gente di colore in modo da problematizzare la questione.

CAPITOLO 3

3 RIFERIMENTO TEORICO

3.1 PATRIMONIO, TURISMO CULTURALE ED ETNICO

Il turismo culturale può essere definito come un viaggio in luoghi diversi dalla propria residenza abituale da parte di persone interessate a conoscere altre culture, usi e costumi diversi dai propri e a contemplare beni materiali e immateriali, soprattutto quelli legati alla storia e all'arte del luogo scelto. Il turismo culturale comprende le attrazioni del patrimonio materiale e immateriale, comprese le attività e le esperienze culturali e i programmi incentrati sulle usanze di un particolare popolo o regione. Questo segmento offre ai visitatori l'opportunità di immergersi e godere dello stile di vita degli abitanti locali, delle aree circostanti e degli aspetti che ne determinano l'identità e il carattere. Secondo Silva (2010):

> L'architettura è una manifestazione oggettiva e duratura della storia di un popolo. Gli edifici sono esempi del loro modo di vivere, espressione dell'arte e delle tecniche a loro disposizione. Essendo creazioni più durature di altre manifestazioni culturali - spesso ospitano o incorporano altre arti come la scultura, la pittura, l'arredamento e le manifestazioni popolari - gli edifici costituiscono tuttora la stragrande maggioranza delle proprietà catalogate in Brasile, nove delle quali sono iscritte nella lista del Patrimonio culturale mondiale dell'UNESCO (SILVA, 2010, p. 23).

> Il contesto di sviluppo turistico degli ultimi cinquant'anni ha permesso l'emergere di un profilo di turista esperto in termini di viaggi, colto e con un elevato potere d'acquisto, che costruisce il focus della visita turistica nella ricerca del diverso, dell'esotico. Più specificamente, questo turista mostra interesse per i piccoli gruppi sociali in ambienti naturali, con le loro particolarità e tradizioni: danze, riti, credenze, cibo (SILVA 2010 p.21).

L'itinerario può essere caratterizzato come un'attività di turismo culturale, in quanto accompagna il turista in un viaggio nel passato di un popolo che ha subito un torto fin dal passato, salvando il modo negativodi vedere questi spazi e la cultura di

10

questi luoghi.

3.2 Pianificazione del percorso: attrazioni turistiche, itinerari turistici e tour della città

Il Brasile è un Paese che può vantare una grande varietà di attrazioni turistiche, distribuite sul suo enorme territorio. Queste attrazioni possono essere naturali, come spiagge, fiumi, foreste, e culturali, come artigianato, cucina, feste popolari e altre manifestazioni.

(RABELLO, 2007 p. 15)

Secondo RABELLO, Gustavo (2007, p. 16) "la pianificazione degli itinerari assiste il processo di identificazione, sviluppo e consolidamento di nuovi itinerari turistici e, inoltre, ha la funzione di evidenziare la necessità di aumentare gli investimenti nei progetti esistenti sia per migliorare la struttura attuale sia per qualificare i servizi turistici offerti".

I luoghi che accolgono i turisti hanno bisogno di strutturare l'itinerario in modo organizzato e pianificato, gli itinerari turistici diventano importanti per l'organizzazione e la commercializzazione del turismo come prodotto. I turisti non visitano solo le attrazioni in sé, ma hanno interessi in altri aspetti della località legati alla cultura, alla storia, alla geografia o alle caratteristiche ambientali locali in generale.

La contestualizzazione delle attrazioni esistenti in una località è un compito importante per lavorare con questo strumento al fine di migliorarne l'attrattività, soprattutto nei grandi ambienti urbani dove le attrazioni sono sparse.

L'itinerario turistico può essere inteso come un percorso caratterizzato da uno o più elementi che gli conferiscono identità, definito e strutturato ai fini della pianificazione, gestione, promozione e commercializzazione turistica delle località che lo compongono. Esso fornisce agli attori coinvolti (governi, società civile e iniziativa privata) le linee guida necessarie per integrare e organizzare attrazioni, strutture, servizi turistici e infrastrutture di supporto al turismo, con il risultato di consolidare i prodotti di una determinata località turistica.

Sono proprio i prodotti, i servizi e le attrezzature turistiche, nonché le attività complementari legate al turismo, a costituire questa offerta e ad essere oggetto del processo di elaborazione dell'itinerario turistico (SILVA 2010 p.30).

Secondo (SILVA, 2010 p.35), per riconoscere il potenziale turistico di una regione, è necessario "consultare o fare un inventario delle risorse turistiche esistenti, identificare l'esistenza di attrazioni turistiche naturali e culturali facendo un'indagine completa della situazione generale delle infrastrutture - trasporti, comunicazioni, servizi igienici, sanità, commercio, ecc. Inoltre, è necessario identificare l'esistenza di servizi come alberghi, pensioni, ristoranti, agenzie di viaggio, società di noleggio auto, servizi di guida, ecc. che completano l'offerta turistica locale".

Le attrazioni turistiche sono luoghi, oggetti, attrezzature, persone, fenomeni, eventi o manifestazioni in grado di motivare le persone a visitarle. Gli itinerari turistici, per diventare prodotti competitivi e di qualità, devono essere definiti in base all'offerta turistica e adeguati ai bisogni e ai desideri di determinate tipologie di turisti, con l'obiettivo di individuare specifici gruppi di consumatori (segmenti) e quindi determinare prodotti adeguati per ciascuno di essi. SILVA (2010 p.35)

In un contesto moderno, il turismo non si riconosce solo per il significato dei viaggi che vengono effettuati, ma per l'insieme di attività economiche che comportano spostamenti umani.

Il turismo è un'attività che dipende, per il suo successo, da diversi fattori: attrazioni turistiche, trasporti, attrezzature di supporto, servizi di ristorazione, informazioni e alloggio. Affinché i turisti - per svago o per affari - possano godere di tutto ciò che una destinazione ha da offrire, hanno bisogno di strutture adatte ai loro standard e alle loro esigenze.

Secondo Tavares:

> Gli itinerari turistici sono percorsi di visita organizzati. È un termine generico utilizzato per la presentazione di itinerari e programmi realizzati a scopo turistico. Gli itinerari esistono ovunque si pratichi il turismo, sia nei piccoli centri che nelle grandi città. Possono anche presentarsi in contesti diversi, come quelli urbani o rurali, regionali, nazionali, internazionali o intermedi. Un

itinerario, tuttavia, non è solo una sequenza di attrazioni da visitare, ma è anche uno strumento importante per leggere la realtà esistente e la situazione socioculturale della località. È importante che sia coeso e contestualizzato, in modo da fornire una visione completa e allo stesso tempo chiara del luogo visitato. A tal fine, è necessario che l'itinerario sia redatto da professionisti che, come sottolineano Gomez e Quijano, abbiano un'ampia formazione umanistica e una buona conoscenza culturale. Senza di ciò, l'itinerario rischia di essere incoerente rispetto alla storia della località e spesso di non riuscire a mostrare la cultura e l'"anima" del luogo (TAVARES. 2002, p. 14).

La comunità nera è sempre stata molto disumanizzata, con la realizzazione del copione cerchiamo di umanizzarla dopo molti anni di disumanizzazione con la comunità locale, informando su come si viveva nell'antichità di Jaguarão, inserendo questa comunità nera nella storia del comune, portando la sua importanza nel settore turistico come gruppo etnico che non vuole più essere sfruttato ma compreso, mostrando loro che le loro radici e la loro cultura non sono un mero prodotto turistico ma un sotto-segmento del turismo culturale molto forte che muove un'economia locale molto importante per il comune.

Secondo Silva (2010) le definizioni e i concetti di itinerari turistici comprendono:

a) riguardante o relativo a percorsi; descrizione di un viaggio, itinerario; strada da percorrere o percorsa; sentiero, percorso, itinerario; b) documento che contiene una descrizione dettagliata di un percorso da percorrere e può contenere varie informazioni di interesse turistico; c) itinerari, percorsi, pacchetti, escursioni, circuiti turistici, programmi, ecc; d) insieme di informazioni che guidano i turisti e la guida durante il viaggio. Contiene le attività che saranno sviluppate dall'azienda turistica durante il viaggio (SILVA, 2010, p. 29).

Seguendo questa logica, gli itinerari "sono percorsi di visita organizzati in cui si possono trovare informazioni dettagliate su un programma di attività turistiche, attraverso una pianificazione preventiva. Gli itinerari turistici esistono ovunque si pratichi il turismo". (SILVA 2010, p.29)

Uno dei tipi di tour è il tour della città, in cui i turisti visitano le attrazioni più importanti della città. Di solito questi tour vengono effettuati a bordo di veicoli motorizzati, auto o autobus, a seconda delle dimensioni del gruppo di turisti. Questo tipo di visita della città è generica, non enfatizzando alcuna motivazione specifica, ed è considerata uno dei primi prodotti da offrire ai turisti, quindi il nostro itinerario dei territori neri è classificato come itinerario culturale. Il suo itinerario può prevedere la visita di alcune attrazioni e solo visite esterne ad altre, a seconda delle necessità o delle possibilità. È rivolto a tutti i tipi di turisti, ma soprattutto a coloro che hanno difficoltà a muoversi in città a causa della differenza con la lingua locale o della sicurezza.

I tour della città offerti dalle agenzie di viaggio si dividono in tour di mezza giornata, della durata media di tre o quattro ore, e tour di un giorno, della durata di sei o otto ore. La costruzione di tour della città per la commercializzazione richiede alcuni controlli specifici, a seconda della natura del tour, in modo che proceda senza intoppi. Inoltre, il professionista che progetta il tour della città deve avere una formazione adeguata per garantire la corretta esecuzione del tour.

Per iniziare a strutturare un tour della città, è consigliabile fare un'indagine sulle attrazioni che possono suscitare maggiore interesse da parte del pubblico. È opportuno osservare alcuni aspetti, come la collocazione spaziale delle attrazioni: le attrazioni che si trovano in modo molto diffuso in tutta la città saranno probabilmente scartate, a meno che non abbiano un grande rilievo nella città visitata, il che giustificherebbe una deviazione lungo il percorso. La distanza tra le attrazioni e la distanza da percorrere sono dati che portano principalmente all'elaborazione dei costi (carburante, noleggio di veicoli per il trasporto, nonché la loro usura, ecc. La distanza che verrà percorsa tra le attrazioni visitate è certamente un fattore importante da considerare.

Gli itinerari turistici - di agenzia o meno - sono uno dei modi principali per contestualizzare le attrazioni esistenti in una Uno dei modi principali per contestualizzare le attrazioni esistenti in una località e, di conseguenza, per aumentarne l'attrattività.

Qualsiasi sito o edificio storico, sia esso storico o meno, può essere attraente per una visita turistica. Invariabilmente, però, l'attrattiva turistica non è legata solo alle caratteristiche fisiche esistenti, ma assume un significato se inserita in un contesto più ampio e se ne analizza l'importanza sotto vari aspetti storici, sociali, culturali o addirittura ambientali.

Per la pianificazione e l'elaborazione dell'itinerario, è necessario offrire al visitatore la più ampia gamma di informazioni; mostrare il luogo da visitare e i suoi principali elementi di differenziazione, acuendo l'interesse del turista; organizzare le visite nel miglior modo possibile, secondo le possibilità tecniche, essendo necessario identificare le condizioni di fattibilità operativa del prodotto (SILVA, 2010). È necessario valutare la qualificazione della manodopera, dell'alloggio, del cibo e delle attrezzature per il tempo libero; dei servizi di supporto, come trasporti, guide, ecc. (SILVA 2010 p.40).

Rabello (2007, p. 13) definisce "itinerario turistico un percorso caratterizzato da uno o più elementi che gli conferiscono identità, definito e strutturato ai fini della pianificazione, della gestione, della promozione e del marketing turistico delle località che lo compongono".

Secondo Ball (2004), per ogni specifico copione questi elementi vengono utilizzati per pianificare e organizzare l'esecuzione del copione.

3.4 Agenzia di viaggi inbound

Il ruolo dell'agenzia ricettiva è quello di accogliere i turisti nella destinazione, accompagnarli durante la visita e offrire loro servizi e prodotti che possano massimizzare la loro esperienza nella destinazione.

Le agenzie turistiche di incoming si dividono in due categorie in termini di possibilità di allestimento e organizzazione di un tour, come descritto di seguito.

Agenzie di viaggio che vendono prodotti e servizi organizzati e gestiti da tour operator, chiamate anche agenzie di viaggio e turismo. Secondo la legge, le agenzie di viaggio possono anche gestire i propri pacchetti, a condizione che siano all'interno del territorio nazionale o che visitino solo città limitrofe.

Tour operator in quanto tali (agenzie di viaggio e tour operator), che organizzano, allestiscono e gestiscono i propri pacchetti. Nel caso del tour operator inbound, esso organizzerà, allestirà, commercializzerà e gestirà i propri tour.

L'agenzia entrante, registrata come tour operator, può gestire i propri pacchetti, che avranno come destinazioni città vicine alla sede dell'agenzia o destinazioni un po' più lontane.

Ci sono casi, tuttavia, in cui l'agenzia inbound gestisce i pacchi verso i paesi limitrofi rivolto ai turisti intercontinentali. È il caso di Abreu, un tour operator portoghese che opera anche come agenzia ricettiva in Europa. Con sede in Portogallo, gestisce pacchetti in Spagna e in altri Paesi combinati per turisti provenienti dal Brasile e da altri Paesi sudamericani.

Quando si tratta di operatori con un servizio ricettivo, essi commercializzano i propri servizi o ne esternalizzano la commercializzazione. Ci sono anche agenzie di viaggio che, invece di creare e gestire i propri tour, spesso si limitano a vendere i pacchetti degli operatori, da cui ricevono una commissione (BRAGA, 2007).

CAPITOLO 4

4   PROPOSTA DI ITINERARIO TURISTICO DEI TERRITORI NERI

4.1 LA FORMAZIONE DEI TERRITORI NERI DEL JAGUARÃO/RS

Nel 2013 è iniziato il workshop "Territori neri nelle Americhe" a Jaguarão/RS. Jaguarão: rivisitazione del centro storico", basato sulla costruzione di un percorso patrimoniale attraverso la città, il cui insieme storico e paesaggistico è inserito nella lista dell'Istituto Nazionale del Patrimonio Storico e Artistico (IPHAN). Si è trattato di un itinerario guidato dalla ricerca, a carattere dialogico, incentrato su passaggi della storia sociale dei neri in questo territorio, dall'inizio dell'occupazione locale, da parte dei colonizzatori iberici, fino ai periodi successivi all'abolizione della schiavitù. Il workshop è stato ispirato da recenti pratiche di revisione di questo tipo di itinerari tradizionali, come quello che si svolge a Porto Alegre e che ha dato origine al Museo della Rotta Nera, richiamando l'attenzione su gruppi che sono stati trascurati dalla storia ufficiale. Jaguarão, come ogni città brasiliana, vive ancora in mezzo alle relazioni razziali. I neri avevano i loro spazi di socialità e i limiti di questi ben delimitati fino alla metà degli anni '80 dove, ad esempio, nei Centri di Tradizioni Gaucho (CTG) c'erano danze musicali che ne impedivano l'ingresso (LIMA; AL-ALAM, 2013).

Considerando i dati del primo censimento locale, commissionato dal governo provinciale nel 1833, la cosiddetta Carta generale della popolazione evidenziava che "dei 5.457 abitanti, 2.601 erano neri, tra i quali solo 70 individui erano liberi. [...]" (LIMA; AL-ALAM, 2013, p. 262).

> [Il numero di schiavi, che era significativo nel periodo preliminare della città vecchia, rimase marcatamente alto per tutta la formazione della città. Nel 1859, il tasso di 5.059 prigionieri era inferiore, nel contesto del Rio Grande do Sul, solo a quello di Porto Alegre, con 8.417 prigionieri. È da notare che era superiore a quello di Pelotas, un importante centro schiavista, con 4.788 prigionieri, e a quello di Rio Grande, un'area portuale molto trafficata, che contava 4.369 schiavi. In termini di percentuale di popolazione libera, Jaguarão si distingueva ancora di più,

17

superando addirittura Porto Alegre, con il 28% della popolazione schiava rispetto al 22,06% di quest'ultima (DARONCO, 2009, p. 275 apud LIMA; AL-ALAM, 2013, p. 263).

In questa regione, la commercializzazione degli schiavi avveniva anche in una piazza pubblica, nell'attuale Praça do Desembarque. Secondo Lima (2013), "le catene incastrate nei tronchi degli alberi di fico centenari che si possono ancora vedere, indicate dagli ex residenti, e anche negli itinerari turistici ufficiali, come possibili segni dell'attività [...] (LIMA, 2013, p. 266) Conoscere il numero della popolazione di schiavi è importante per dare visibilità all'itinerario e commercializzarlo agli studenti che vengono costantemente a Jaguarão per studiare, oltre che ai turisti in generale. Molti di questi lavoratori, tuttavia, erano impiegati anche nelle attività delle Charqueadas. C'erano quasi una dozzina di industrie del sale sulle rive del fiume o lungo i suoi affluenti [...] (MARTINS, 2001 apud LIMA; AL- ALAM, 2013, p. 264).

Ritornando al percorso stabilito dalla prima bottega, si trova la piazza del commercio, nota anche come Praça do Desembarque, che attualmente ospita il Mercato Municipale, costruito tra il 1864 e il 1867. L'area della cosiddetta "Città Bassa" era segnata dall'intensa presenza di lavoratori neri, che svolgevano le attività più diverse, dal costante flusso di merci e transazioni di prodotti, attraccati nel fiume Jaguarão. Questa piazza è "estremamente legata alla demarcazione dei confini e alla strategia militare; sul bordo del fiume, limite malleabile delle terre coloniali, si formò il villaggio che avrebbe dato origine alla città nel 1802" (FRANCO, 1980 apud LIMA; 2013, p. 262).

Il punto successivo visitato è stato l'attuale prigione municipale. Ex carcere pubblico, questo edificio, risalente al XIX secolo, ospitava un'ampia popolazione considerata perniciosa, come i vagabondi, e gli schiavi. Qui, con il maggiore intervento dello Stato nel corso del XIX secolo nelle relazioni con gli schiavi (ALGRANTI, 1988), avevano luogo le fustigazioni, evidenziate come pene per il vagabondaggio per le strade dopo l'orario di lavoro, il furto, l'evasione, tra altri tipi di reati (LIMA; AL-ALAM, 2013, p. 266-267).

A partire dalla metà del XIX secolo, le tensioni tra la popolazione libera e quella schiava aumentarono e, di conseguenza, si accentuarono le caratteristiche di alcune

18

zone di gerarchia sociale, con molti luoghi di accesso limitato al segmento dei prigionieri.[...] (LIMA; AL-ALM, 2013, p. 268).

L'ultimo punto del percorso è diventato un importante spazio di lotta e di socialità.

della comunità nera nel periodo post-abolizione: il Clube Social 24 de Agosto. L'associazione fu fondata nel 1918 da lavoratori a cui era stato impedito di frequentare altri centri sociali della città a causa del loro colore. Fino alla fine del XX secolo, alcune organizzazioni dell'area sociale della città di Jaguarão prevedevano ancora restrizioni alla partecipazione della popolazione nera. Il Social Club 24 de Agosto funziona ancora oggi come luogo di feste, azioni positive e attività culturali. In questo spazio, rivendicato come luogo della memoria e del patrimonio culturale della comunità afro-giaguarense, sono stati raccolti i ricordi delle vecchie attività di festa e dei balli di carnevale che si tenevano al 24, le esperienze personali delle relazioni razziste vissute a Jaguarão e le storie della costruzione locale, facendo riferimento ai primi presidenti e agli ex personaggi, formatori di questa società.

Il corso sulla storia sociale dei neri nel Jaguarão si consolida come progetto educativo, affermando e diffondendo la conoscenza del patrimonio culturale nero nella regione confinante con l'Uruguay; i laboratori si sono tenuti fin dal primo, ora tenuti da ricercatori, accademici e volontari del progetto.

La proposta di itinerario turistico presentata in questo lavoro è l'elaborazione di un tour cittadino per visitare i luoghi chiamati territori neri del Jaguarão/RS.

Per rendere fattibile l'itinerario proposto, è importante notare che il workshop Territori neri in Jaguarão con la rivisitazione del centro storico è stata una premessa che ha preceduto l'elaborazione dell'itinerario turistico dei Territori neri. La proposta di tour della città copre la visita di alcuni territori neri del Jaguarão al momento del workshop e si espande con altri luoghi che si ritiene siano pertinenti all'itinerario. E, per commercializzare questo prodotto turistico, sono necessarie tre operazioni, che sono la pubblicizzazione, la promozione e la commercializzazione dell'itinerario, con l'azione che, dopo aver acquisito il voucher in un'agenzia di viaggi, il cliente lo presenta al professionista che lo serve.

4.2 Titolo della sceneggiatura

Itinerario turistico dei territori neri - Jaguarão/RS

4.3 Attrazioni turistiche sul percorso

- Piazza dello Sbarco

- Mercato pubblico comunale di Jaguarão/RS

- Carcere di Stato di Jaguarão/RS

- Museo Dr. Carlos Barbosa Gonçalves

- Ex residenza di Zeferino Lopes de Moura

- Collina della polvere da sparo

- Club 24 de Agosto
  4.4 Scopo dell'instradamento

Coinvolgere la comunità nel passato di Jaguarão e dialogare con la comunità nera, trasmettendo un po' di storia locale.

4.5 Pubblico di riferimento

Comunità nera, turisti interessati alla traiettoria dei neri, studenti.

4.6 Numero di fermate

Le fermate sono sei (6) in totale.

4.7 Durata

La durata dell'itinerario è di quattro (4) ore.

4.8 Livello di difficoltà

Il livello di difficoltà è facile. Le attrazioni sono facilmente raggiungibili a circa 3 km.

4.9 Luogo di partenza

Il punto di partenza del tour sarà la Segreteria della Cultura e del Turismo (SECULT) di Jaguarão/RS.

4.10 Tipo di trasporto

Il mezzo di trasporto utilizzato per la visita della città sarà un minibus (figura 1).
o un furgone (figura 2).

Figura 1 - Modello di minibus
Fonte:Http://ecoviagem.uol.com.br/brasil/rio-grande-do- sul/porto-
alegre/agenciaturismo/zaigo-tur- transporte-e- turismo/fotos-videos/

Figura 2 - Modello di furgone
Fonte: http://www.alugueldevansbhmg.com.br/

4.11 Forme di diffusione

L'evento sarà pubblicizzato su Facebook, sul quotidiano "A Folha", su radio AM
e FM, in alberghi e ristoranti e sul proprio sito web. Scuole e Università

4.12 Sponsorizzazione

21

L'ipotesi è che l'itinerario sia sponsorizzato dal SECULT di Jaguarão attraverso la legge di incentivazione alla cultura, oppure che qualche agenzia turistica ricettiva si occupi della commercializzazione e cerchi partner per qualche sponsorizzazione.

4.   13Materiale promozionale dell'evento

Il materiale promozionale per il percorso sarà sotto forma di pieghevoli.

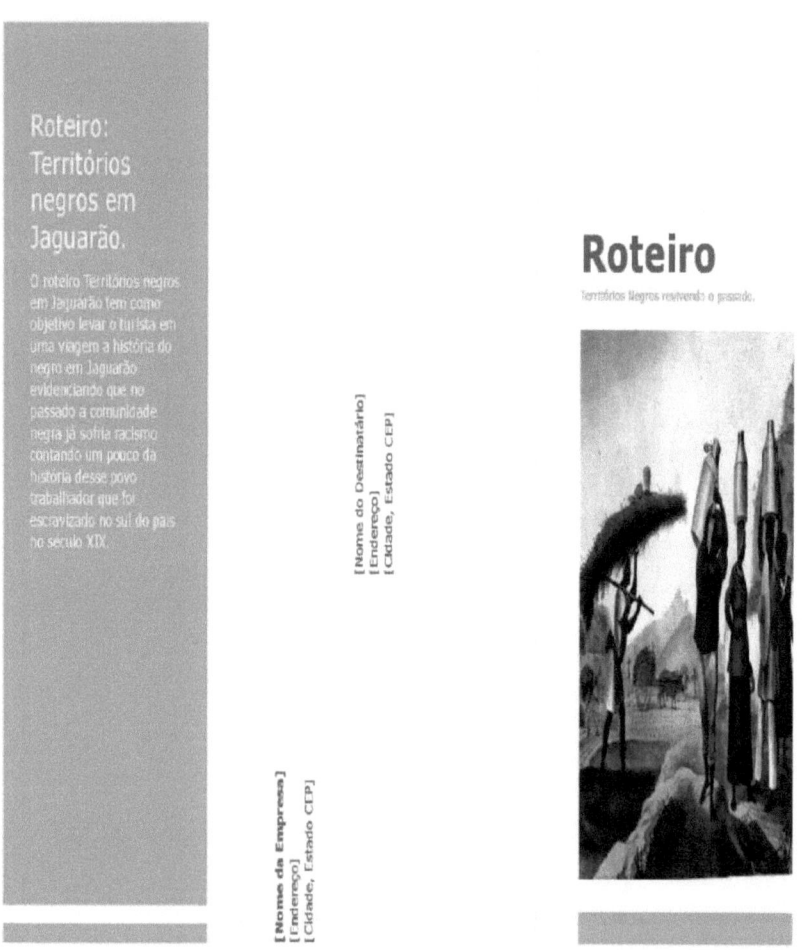

Figura 3   Modello del fronte del materiale promozionale dell'itinerario

Fonte: L'autore (2017).

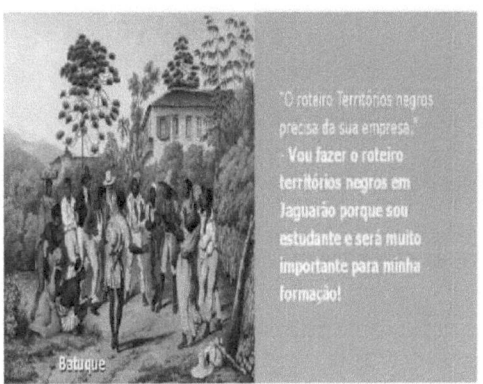

Principais Ofertas
Temos diversas viagens, com várias temáticas, a diversos países venha conferir.

Receptivo é Aqui!

Você é Importante!
- Turistas
- Estudantes
- Viajantes

Fale Conosco

[Nome da Empresa]
[Endereço]
[Cidade, Estado CEP]
[Telefone]
[Endereço de email]

[Endereço Web]

A história do negro de um
Ângulo que você nunca viu.

MOSTRE QUE VOCE PODE!

Depoimento

Roteiro: Territórios Negros em Jaguarão
É o primeiro na cidade de Jaguarão e o que melhor conta a história do negro em um city tour extremamente educativo por meio de um micro ônibus é inédito.

Ganhe experiência

E mostre que você tem bagagem para seguir em frente!

Eu participei do roteiro
territórios negros em Jaguarão
e adquiri experiência
profissional informação e muito
mais.

Figura 4   - Modello per il retro del materiale promozionale della roadmap
Fonte: L'autore, (2017).

4.14 Programmazione del routing

1.   Partenza dalla SECULT in minibus o pulmino alle 14h00. Arrivo alla Piazza dello Sbarco di Jaguarão/RS, per raccontare la storia del luogo, alle 14h10m. Praça do desembarque, anticamente conosciuta come Praça do Comércio, ospita attualmente il Mercato pubblico comunale. Tempo di visita: 20 minuti a piedi.

Figura 5 - Segreteria della Cultura e del Turismo del Jaguarão/RS
F onte: http://www.minube.com.br/sitio-preferido/casa-de-cultura-pompilio- neves-
freitas- a363974

Figura 6 - Piazza dello sbarco - Jaguarão/RS
Fonte:
http://jaguartur.wixsite.com/turismojaguarao/mercadopublico

2.	Partenza a piedi da Praça do Desembarque alle 14.25 per visitare il Mercato
pubblico municipale che si trova praticamente accanto alla piazza. Arrivo alle 14.30.
Il Mercato Pubblico Municipale, costruito tra il 1864 e il 1867. Area della cosiddetta
"Città Bassa", la regione era segnata dall'intensa presenza di lavoratori neri, che
svolgevano le attività più disparate, dal costante flusso di merci e transazioni di
prodotti, attraccati nel fiume Jaguarão. Tempo di visita: 20 minuti.

Figura 7 - Mercato pubblico comunale di Jaguarão/RS

Fonte: http://claudiaberneira.blogspot.com.br/

3.	Partenza dal Mercato Pubblico Comunale per visitare la prigione alle 14.50. La prigione statale di Jaguarão, ex carcere pubblico, in questo edificio, che risale al XIX secolo, era detenuta una vasta popolazione considerata con comportamenti perniciosi, considerati vagabondi, oltre che schiavi. Arrivo alle 15:00. Tempo di visita: 5 minuti.

Figura 8 - Carcere di Stato di Jaguarão/RS

Fonte:http://novohamburgo.org/site/noticias/pelo-estado/2010/02/23/presidio-de-jaguarao-guardie-studio-di-esecuzione-delle-opere-di-suspe/

4.	Partenza dal carcere alle 14.05 per visitare il Museo Dr. Carlos Barbosa Gonçalves[2] . Arrivo alle 14.15. In questa casa storica è possibile conoscere la vita e l'opera del dottor Carlos Barbosa Gonçalves e il suo lavoro di politico a livello comunale, statale e federale in un periodo di grandi trasformazioni ed effervescenza nella storia del Paese. Come se fosse abitata fino ad oggi, vi si trova una squisita e raffinata collezione di stoviglie, opere d'arte, fotografie, oggetti personali e tutti i mobili, per lo più in stile neoclassico e art noveau, caratteristici della fine del XIX e dell'inizio del XX secolo. Tempo di visita: 45 minuti.

Figura 9 - Museo Dr. Carlos Barbosa Gonçalves

Fonte: http://www.minube.com.br/sitio-preferido/museu-dr-carlos-barbosa-goncalves-a2499859

5.   Partenza dal Museo Dr. Carlos Barbosa Gonçalves alle 16.00 per visitare l'antica residenza di Zeferino Lopes de Moura. Arrivo alle 16.10. Con l'avvicinarsi del movimento abolizionista e il decreto ufficiale di estinzione del sistema di lavoro obbligatorio in Brasile, nel 1888, alcuni signori iniziarono a decorare le loro case con simboli che alludevano alla libertà. È il caso, ad esempio, della residenza centrale del charqueador Zeferino Lopes de Moura, che collocò sulla facciata, sopra il frontone, una statua di una figura femminile con catene spezzate tra le mani - queste erano le influenze materiali e le icone del periodo della de-schiavitù. Tempo di visita: 20 minuti.

Figura 10 - Ex residenza di Zeferino Lopes de Moura
Fonte: http://educacaopatrimonialunipampa.blogspot.com.br/2011/06/jaguarao-

6.   Partenza dal Teatro Esperança per visitare il Cerro da Pólvora alle 16:30.

Negli anni '60 e '70, il quartiere citato, noto anche come Cerro da Enfermaria, era dotato di dighe di basalto, che costituivano una delle principali forme di raccolta di reddito per i residenti. Nelle cave lavoravano uomini, donne e persino bambini, che frantumavano il basalto per soddisfare i bisogni primari personali e delle famiglie di appartenenza. Secondo Rosa[3] (2015), l'estenuante lavoro nelle cave non era sufficiente a coprire i costi del cibo e di altre necessità imminenti della comunità. Arrivo alle 16.45. Tempo di visita: 20 minuti.

Figura 11 - Cerro da Pólvora Jaguarão/RS
Fonte: http://elloco-madeira.blogspot.com.br/2010/04/cerro-da- polvora.html

7.   Partenza da Cerro da Pólvora per visitare il Club 24 de Agosto alle 17.10.
Il Circolo Sociale 24 de Agosto è stato fondato nel 1918 da lavoratori a cui era stato impedito di frequentare altri luoghi sociali della città a causa del loro colore. Fino alla fine del XX secolo, in alcune organizzazioni dell'area della socievolezza della città di Jaguarão, era ancora possibile trovare restrizioni alla partecipazione della popolazione nera. Il Social Club 24 de Agosto funziona ancora oggi come luogo di feste, azioni positive e attività culturali, racconti, mostre, storie, presentazioni artistiche, ecc. È il luogo più rappresentativo, ha un differenziale, dà legittimità all'itinerario il Clube 24 de Agosto è un'attrazione qualificata.
Arrivo alle 17.30. Tempo di visita: 30 minuti.

Figura 12 - Club 24 de Agosto
Fonte: https://www.mprs.mp.br/imprensa/noticias/id42641.htm

8- Ritorno a SECULT alle 18h. Arrivo alle 18.15.

4.15 Mappa informativa con la distribuzione delle attrazioni

CAPITOLO 5

CONSIDERAZIONI FINALI

La creazione di questo itinerario cerca di enfatizzare la presenza di popolazioni nere nella città di Jaguarão/RS, suggerendo una ri-significazione, una "territorializzazione" di questi luoghi, cercando nuovi modi di percepire e vivere la città. Tuttavia, la posta in gioco non è solo la visibilità dei territori neri, ma il modo in cui il protagonismo nero viene reso visibile o invisibile.

La proposta dell'itinerario culturale è legata al turismo perché è una proposta per un'attività di organizzazione degli spazi che prevede lo spostamento delle persone da un luogo all'altro. Si tratta di un percorso turistico che promuove la ricerca della conoscenza delle storie delle città e questa proposta cerca anche di sviluppare il turismo culturale.

La proposta di una roadmap culturale dei territori neri in Jaguarão/RS è anche quella di cambiare il modo negativo in cui questi spazi sono visti e il modo in cui le storie della popolazione nera e afro-discendente sono concepite nella municipalità, contestando le narrazioni ufficiali della costituzione di una città dal suo centro e non più come protagonisti della periferia.

Si conclude che il tema dell'itinerario culturale dei territori neri è fattibile da organizzare nel comune di Jaguarão, considerando che, nonostante la pubblicazione di studi sull'area, non abbiamo ancora un'attività che si svolge in questi spazi e c'è una domanda per questo tipo di servizio.

Vale la pena ricordare che il laboratorio dei territori neri fa parte di un ambito pedagogico ed è possibile aggiungervi nuovi percorsi in cui la particolarità di ogni regione può essere rispettata, aggiunta allo stesso itinerario o ad altri itinerari, mantenendo sempre lo stesso tema dei luoghi della resistenza nera che ospitano nei loro luoghi lo spirito che in passato la ragione della schiavitù andava oltre il perimetro di questa schiavitù, idealizzando i territori neri.

Infine, la proposta dell'itinerario si presenta con un richiamo culturale di un popolo molto sofferto e disumanizzato, nonché di una comunità nera poco visibile nel comune; l'itinerario dei territori neri mira a includere questa comunità nella prospettiva turistica di elencare questi spazi come attrazioni turistiche, evidenziando l'importanza dei territori neri e dando maggiore visibilità al potenziale del turismo culturale nel comune.

CAPITOLO 6

RIFERIMENTI BIBLIOGRAFICI

BAHL, Miguel. Itinerari turistici e di viaggio. Curitiba: Protexto, 2004.

BOGDAN, Robert C.: BIKLEN, SariKnopp. La ricerca qualitativa in campo educativo: un'introduzione alla teoria e ai metodi. Trad. Maria João Alvarez, Sara Bahia dos Santos, Telmo Mourinho Baptista. Porto - Portogallo: Porto Editora, 1994.

BRAGA, Débora C. Agenzie di viaggio e turismo: pratiche di mercato. San Paolo: Elsevier, 2007.

FRANCO, Sérgio da Costa. Le origini del Jaguarão, 1790-1833. Caxias do Sul: UCS, 1980.

IPHAN - Istituto del patrimonio storico e artistico nazionale. Disponibile all'indirizzo: http://portal.iphan.gov.br/pagina/detalhes/393/

LIMA, Andrea da Gama; AL-ALAM, Caiuá Cardoso. I territori neri del Jaguarão: rivisitazione del centro storico. In: Insegnare storia nel Cono Sud - Patrimonio culturale, territori e confini. Organizzatori: Alessandra Gasparotto; Hilda Jaqueline de Fraga; Maria Aparecida Bergamaschi. Porto Alegre: Evangraf/ UNIPAMPA Jaguarão, 2013.

MARCONI, Marina de Andrade; LAKATOS, Eva Maria. Metodologia del lavoro scientifico: procedure di base, ricerca bibliografica, progetto e relazione, pubblicazioni e lavoro scientifico. - 7. ed. - 3. ristampa - São Paulo : Atlas, 2009.

MARCONI, Marina de Andrade; LAKATOS, Eva Maria. Tecniche di ricerca: pianificazione ed esecuzione della ricerca, tecniche di campionamento e ricerca, preparazione, analisi e interpretazione dei dati. - 6. Ed. - 3. Reimpr. - São Paulo : Atlas,

2007.

RABELLO, Gustavo (org.) Roteiros do Brasil. Programma di regionalizzazione del turismo. Ministero del Turismo. Segreteria nazionale per le politiche turistiche. Dipartimento di Strutturazione, Articolazione e Pianificazione Turistica. Coordinamento generale della regionalizzazione.
Brasilia 2007. Modulo operativo 7.

SILVA, Gláubécia Teixeira da Silva; NOVO, Cristiane Barrocas Maciel Costa. Itinerario turistico, Corso tecnico di alloggio - CETAM - UNIVERSITÀ FEDERALE DI SANTA CATARINA - Ministero dell'Istruzione - e-Tec Brasile - Scuola tecnica aperta del Brasile.
Manaus-AM, 2010. Contatto etecbrasil@mec.gov.br.

TAVARES, Adriana de Menezes. Tour della città. Editore Aleph. Collezione ABC del turismo, 2002.

TRIVINOS, A. N. S. Introduzione alla ricerca nelle scienze sociali: ricerca qualitativa nell'educazione. - 1 ed. - 19. Reimpr. - São Paulo : Atlas, 2010.

APPENDICE

Appendice 1 - Intervista al Prof. Dr. Caiuá Cardoso Al-Alam

> Secondo Caiuá, un contesto più ampio e complesso dei territori neri in Jaguarão racconta la sua storia e il suo arrivo in Jaguarão nel 2010. La prima cosa di cui si è occupato il professor Caiuá è stato il Club 24, perché si trovava in una situazione di resistenza legata alla sua sede e aveva subito un'asta e il club all'epoca era in debito con l'ECAD.
>
> L'insegnante va subito al sodo quando ci racconta qualcosa in più sul laboratorio del

territori neri, informando che dialoga con l'impegno del club 24 agosto e che altri professionisti non contemplavano il tema dei territori neri quando è arrivato in città.

È importante sottolineare l'importanza dei ricercatori provenienti da territori neri che sempre
erano in questo obiettivo di affinare la loro curiosità sui territori neri, quindi l'idea era di dare visibilità alla storia degli uomini e delle donne neri qui nel Jaguarão, infine di usare questa visibilità come pressione, diciamo per sostenere in qualche modo il Club 24 de Agosto che compiendo 100 anni è già un riferimento e il workshop quindi viene a dare fondamento a questa lotta.

Il discorso del Prof. Caiuá riflette la preoccupazione per la situazione in cui si trovava il club nel 2010, ma anche la soddisfazione per come si sta evolvendo la situazione oggi.

> - Il club 24 de Agosto nel 2010 si trovava in quella resistenza legata alla sua sede, era passato attraverso un'asta da diversi debiti con l'ECAD, ingiusta, ora alla fine del 2016 la giustizia ha rivalutato e ha dato ragione al club, così il club ora ha di nuovo la sua sede definitiva, l'asta è stata annullata (Prof. Caiuá).

Vale la pena di menzionare la traiettoria dei progetti di ricerca, che all'inizio consisteva nella mappatura degli archivi.
in Jaguarão oggi, per cui il laboratorio iniziato nel 2011/2012 aggrega già i primi risultati; in quest'ottica sottolineiamo l'importanza dei 4 studenti che lavorano nel laboratorio, ma il professor Caiuá ha anche segnalato i territori neri originari: il quilombo madeira, lo spazio delle lavandaie sulla riva del fiume e la via del cordone, che è una strada occupata da famiglie nere fin dal XIX secolo, per cui i neri organizzati del circolo 24 de agosto avevano interessanti inserimenti sociali, partecipavano al ciclo lavorativo e avevano legami con l'élite.